EL COLIBRÍ

THE HUMMINGBIRD

Rudy Calderón

authorHOUSE®

AuthorHouse™
1663 Liberty Drive
Bloomington, IN 47403
www.authorhouse.com
Teléfono: 1-800-839-8640

Primera edición en español publicada por Auhorhouse 12/6/2010

ISBN: 978-1-4520-8194-6 (sc)
ISBN: 978-1-4520-8195-3 (dj)
ISBN: 978-1-4520-8196-0 (e)

Numero de la Libreria del Congreso: 2010915918

Imprimido en Estados Unidos

Algunas imágenes de archivo©Thinkstock.

Impreso en papel libre de ácido.

Dedicatoria del autor/Author's Dedication

Para mi bella sobrina y ahijada Layla May quien iluminó nuestro ser. Descansa en paz mi bella Lylita. También dedico este libro a mi sobrino Raúl García Jr. quien ha viajado un sendero difícil en esta vida mas ha llegado a ser un gran, gran hombre. Todos los gran hombres *siempre* han tenido gran desafíos. Pongo mi extrema confianza en Raúl pa' que sea un faro para nuestra sociedad.

To my beautiful niece and god-daughter Layla May who illuminated our being. Rest in peace my dear Lylita. Also, I dedicate this book to my nephew Raúl García Jr. who has traveled a difficult road in this life but has become a great, great man. All great men have *always* faced great challenges. I put my extreme confidence in Raúl to become a beacon for our society.

Dedicatoria del artista/ Illustrator's Dedication

Estoy eternamente agradecido al autor por siempre creer en mí. Esta obra de arte es sólo una pequeña parte de este libro, mas es mi contribución al autor por la oportunidad y privilegio de formar parte de sus obras apasionantes.

I am eternally grateful to the author for always believing in me. The artwork on the cover of this book is but a small portion of the book, but it's my contribution for the opportunity and privilege to be a part of his passionate works.

-Raúl García Jr.

Introducción del autor

La poesía es un fenómeno interesante hablando al nivel individual o colectivo. La poesía ha existido por miles o millones de años, dependiendo de la perspectiva que uno quiera entender la historia. La poesía nació desde la primera emoción conmovedora que tuvo uno de los primeros seres. Ese ser tuvo que no sólo internalizar esa emoción específica sino que tuvo que empezar a desarrollar una soliloquia al aire libre. Con el adviento de la escritura, la poesía se ha desplegado exponencialmente con estos símbolos que en el Oeste les hemos asignado con nombre – letras. Ellas son cosa sagrada y actúa como intermediario, algo como una metáfora entre el escritor y el lector. En lo práctico, en nuestro pensar interno, siempre se usan estas letras, son inseparables al alma humana del Oeste. Pero aun en el uso ubicuo de estas letras, sólo un grupo pequeño ha tomado la pluma sagrada para iluminar la experiencia humana.

Independientemente de filosofías colectivas, la poesía sigue existiendo y pulsando. Cada generación produce almas poéticas con bastante potencia que con certeza toma la libertad de afirmar que siempre tendremos un mundo poético. Cualquier cosa o experiencia conmovedora tiene todos los ingredientes para llegar a ser poesía. Los poetas, al traspaso del tiempo, han intentado por siglos y siglos y eternidades y eternidades de decir algo que valga la pena. Ellos han intentado decir verdades y en el proceso han proclamado el cuento de sus almas inquietas, sencillas, e innovadoras. Dependiendo en su desarrollo y afán a este gran y noble arte, los poetas escalarán sobre la montaña de la inmortalidad. ¿Dónde se encontrará cada poeta sobre esta montaña? Bueno, todo dependerá en la atención que le brinda y cuánto afán le preste a la música interna de donde proviene la inspiración.

La muchedumbre de la poesía escrita, al principio, parece estar contando la historia y experiencia de una sola persona. Pero, en realidad, es la historia y experiencia de todo un pueblo. La realidad es que la vida de uno está irrevocablemente conectada como eslabón en una cadena perpetua con la vida del prójimo.

Los poetas, yo me atrevería a incluirme entre ellos, somos idealistas pero a la vez mártires a este arte. Lo digo porque nos damos por completo a este oficio. Todo poeta aspira a hacer el bien. Hay esos quienes quieren hacer el bien pero suben a posiciones privilegiados y en su cierto tiempo dejan caer su amor hacia la verdad. Hay esos que no les impiden las reglas de la sociedad para cantar como los ruiseñores sus verdades. Hay veces que esas verdades logran conectar con la posteridad.

La poesía de Langston Hughes habla y nos enseña de la desdicha de los negros por el *status quo* del grupo dominante estadounidense en la primera parte del siglo XX. La poesía de Emily Dickinson y Sor Juana Inés de la Cruz, dos gran poetas de EE.UU. y México respectivamente, nos abrieron los ojos a una sociedad donde la mujer era subyugada, no podría participar en la política, y era restringida a las cosas de la casa o de la iglesia. José Martí, el gran poeta cubano, nos educó sobre las proclividades imperialistas de España hacia Cuba. Sus escrituras captaron la atención y sensibilidad de otros países. Estos son unos pocos poetas de un sin fin que han intentado y logrado hablar con la verdad. Este volumen sólo habla de la verdad de un ser humano entre siete billones, más o menos. Cualquier poemario que no aumente la sensibilidad y hable desde el epicentro del poeta debería ser arrojado, este volumen no tiene inmunidad a esta declaración.

Cuando empecé a publicar en el 2003, no pensé en los metros de mis versos. Tampoco estaban las reglas de la sinalefa o los versos del arte mayor. En mi inicio, tampoco tuve como meta de escribir los trece libros que se han realizado hasta el presente. No, para nada. Cuando empecé a intentar publicar los pocos versos que había escrito y tenía regados por distintos cuadernos e incluso detrás de las facturas de la luz o del gas, no lo hice con todas las reglas y convenciones académicas. Si así fuera, talvez no me hubiera dedicado al sagrado arte de la poesía. Mi poesía siempre intenta aumentar el mensaje más que lo regimentado. ¿Tal vez es una legacía aprendida de Walt Whitman? Cualquier poesía emotiva ya va a incluir elementos esenciales como la metáfora, símil, personificación, aliteración, etc... Hay que dejar para los profesores las reglas y la crítica. Nosotros, los poetas del hoy, tenemos la sagrado misión de forjar una nueva poesía, una distinta poesía muy al estilo del siglo veintiuno. Nuestro escribir debería ayudar y darle a la posteridad una ventanilla de cómo entendimos nuestra experiencia humana. Más importante aún, escribamos con esmero, pasión, y atención ya que pa' donde vamos no habrá tinta o papel.

Author's Introduction

Poetry is an interesting phenomenon at the individual and collective level. Poetry has existed for thousands or millions of years, depending on the perspective that one wants to understand history. Poetry was born from a being that internalized one of the first moving emotions. That person had to have been immensely brave. They not only internalized that moving emotion but actually started and evolved an oral soliloquy to the free and open air. With the advent of writing, poetry has disseminated exponentially using symbols that in the West we have come to know as –letters. Letters have become a sacred thing and act as an intermediary, a metaphor we could say, between the writer and the reader. Practically speaking, in our internal thought process we always use these components of the alphabet; they're inseparable to our intimate and everyday being. However, even given the ubiquitous use of these letters, it is only a select few that pick up the sacred pen with the sole aim to illuminate the human experience.

Independent of collective philosophies, poetry continues to exist and pulse with vigor. Each generation produces and gives birth to poetic souls who, through their writing, take the liberty to affirm that there shall always be a poetic world. Any moving experience has all the ingredients to become poetry. The poets have attempted, through centuries and centuries and eternities and eternities, to say something that is worthwhile. They have attempted to express truths and in the process expounded their unquiet, sensible, and innovative souls. Depending on the unfolding and curiosity of this great and noble art form, poets shall climb over the immortal mountain that awaits them. Where shall each poet find themselves on this great mountain? Well… that all depends on how much attention they give to the internal music that is born from the spring of their inspiration.

The multitude of a poet's writings, if analyzed very superficially, seems to be telling the story and experience of a singular person. But, in fact, it's the story and experience of an entire people. The reality is that the life of one person is inextricably connected like a link in the perpetual chain that connects all human beings.

Poets, I dare consider myself amongst them, are idealists but at the same time martyrs of this art. I say this because we always make the greatest of efforts, we will accept nothing less from ourselves. The poet wants to do good in the purest sense. There are some who want to do good, but unfortunately they climb to privileged positions in society and, in time, some of those same people let their love for truth fall at the wayside. However, there are those that the societal rules do not pull enough to impede them from singing like the beautiful nightingale. These nightingales might not be completely understood, but they must keep singing for if they heed to the everyday voices they might lose their voice altogether. Moreover, these proclamations have the potential to become universal truths and have the ability to connect with future generations.

Let's not forget that the poetry of American poet Langston Hughes speaks and teaches us about the plight African Americans suffered due to the *status quo* and fear of the majority of WASP America, a group that could not fathom the notion that African Americans could be just as human as themselves. Also, the poetry of Emily Dickinson and Sor Juana Inés de la Cruz, two great poets of the United States and México respectively, opens our eyes to a society where women were kept subjugated, apolitical, and allotted very few liberties outside the home or church. José Martí, the great Cuban poet, educated us with his poetic writings that spoke of the abuses toward Cuba due to Spain's imperialistic proclivities. Through his writings, Martí drew world attention to his beloved yet tyrannized Cuba. These are but a handful of poets that have labored and spoken their eternal truths. This volume of poetry speaks only truths from one being among the seven billion that currently exist, give or take a few. Whichever book that does not uplift the sensibility and speak from the epicenter of a poet should be cast away, my books do not have immunity to this declaration.

When I began publishing in 2003, I did not think on the meter of my verses. Neither were there the rules of the synalepha or traditional writing forms like iambic pentameter. When I started, I did not have as a goal to write the thirteen books that have come to fruition to date. No, not at all. When I started to intend to publish the few verses that I had written in distinct notebooks and behind utility bills, I did not write them with all the conventional rules of poetry in mind. If that was the case, I might have never dedicated myself to this sacred art. My poetry always attempts to augment the message more than the regimentation of poetic rules. Maybe it's a legacy learned from Walt Whitman? Of course, there are times when, for artistic challenges, I've written in particular forms like haiku. All emotive poetry will always include essential poetical elements like the metaphor, simile, personification, alliteration, etc... Let's let for the professors the rules and critique of this art form. We, the poets of today, have the sacred mission to forge a new poetry, a distinct poetry that resonates of the 21st century. Our writing should assist and give posterity a window to explain how we understood our particular human experience. More importantly, let us write with strength, passion, and detailed attention since where we are going there will be no ink or paper.

Tabla de contenidos/Table of Contents

Español

English

Canciones

El colibrí

Una vez, hace muchos, muchos años atrás, cuentan que vivía un colibrí en una isla desamparada. Llegó allí cuando, al volar con sus hermanos y mamá, decidió aterrizar para admirar a una isla que tenía bellas y lindas flores. Cuando quiso reunirse con su sangre, ya no veía u olía su familia. Regresó a su rama y empezó a cantar con su linda voz. Cantaba hacia los cuatro vientos con la esperanza que sus deseos se oyeran por su propia sangre. Lamentablemente, jamás se le concedió su anhelo. Cada día y aún por las noches se esforzaba los ojos para ver un ser como él. De tanto que se esforzó, sus dos lámparas se le fueron disminuyendo, hasta que por fin su mundo era un cuarto oscuro con ruidos por doquier. Tristemente cantaba y cantaba sin cesar. Más lindas pero melancólicas melodías jamás se habían oído. De tanto cantar, también su dulce voz se le fue. Sabrá Dios cómo le hizo para conseguir alimento todos sus días postreros. Pasó sus últimos años moviendo su cabecita de lado a lado en una rama enseguida de un rosal amarillo queriendo descifrar el platicar de las olas. Su curiosidad y perseverancia, a pesar de sus desdichas, jamás se rindieron al mundo.

Me perdí en ti

Me perdí en ti.
Tus dulces labios me
Hablaban, pero mi atención
Estaba en tus modales.
Tú eras puro maíz prieto,
Poesía inalcanzable.

Me perdí en ti.
Cuando al ver que después
De ocho horas escribiendo y
Con todos mis antepasados
Mortificando mi ser, tú me
Trajiste un bolígrafo nuevo.
La electricidad de tus manos me dio
La potencia necesaria para seguir.

Me perdí en ti.
Cuando ya no pude escribir,
Resultado de que mis ojos
Se habían apagado,
Tú levantaste mi bolígrafo
Y proclamaste, "¡Comenzáis,
Que el pueblo está esperando!"

Me perdí en ti.
Cuando renuncié al mundo
Y te dije que me iba a
Perder en el mar,
Me dijiste que tú también me seguirías.
Volteé hacia ti y las palabras
Jamás salieron de mi corazón;
Estuve eternamente silenciado.

La juventud y el maestro

Un alumno me aseguró,
"¡La vida no vale nada!"
Demasiado optimista se me hizo
Ese joven.

Una alumna me dijo,
"¡Me enfada la rutina de la escuela!"
Le contesté, "Eres muy joven para
Tener esos pensamientos."

Un alumno me preguntó,
"¿Es bueno hacer errores en la vida?"
"Claro," le contesté, "en el futuro
Los llamarás 'experiencia'."

Una alumna me preguntó
Con ojos húmedos, "¿Por
Qué están todos contra mí?"
Le expliqué, "De los muchos que percibes,
Sólo es una persona."

El camión equivocado

——

"Y ¿por qué te bajaste del camión
Cuando llevaba aire acondicionado
Y nos llevaba cómodamente
A mirar las riquezas del mundo?"
Me reclamó mi mente.

Mi alma le contestó muy
Serenamente, "Porque nos
Equivocamos de camión.
Tuvimos que haber bordado
Al camión que va hacia la verdad.
No hay problema, nos hemos
Bajado a tiempo."

Al quien burló a la muerte

Estaba adentro de un banco
Para hacer una simple transacción.
De pronto gritó un malhechor,
"¡Dame todo el dinero o te trueno!"

Todos se tiraron al suelo e
Hicieron tal y cómo les ordenaban
Los asaltantes. Todavía
Parado, me susurró La Muerte,
"Anda, baja o te llevo conmigo maldito."

"Tú me llevas puros mangos,"
Le afirmé.

"No tienes el valor para enfrentárteles,"
Declaró. En ese momento corrí hacia
El líder. Él me dio el tiro eterno. Poco
A poco, mi oír se fue y derritiéndose
Siguieron las plétoras de mis memorias.

La Muerte se reía implacablemente
Al llevarme en sus brazos. Pero
Fui yo quien se rió al final.
Mi vestuario físico adquirió, mas mi
Honor vivió para siempre.

Mi corazón se quedó contigo

Te vi desde lejos,
Desde lejos te admiré.
Tal vez notaste.
¿Tal vez, no?

Te seguí mirando y apreciando
tu andar y platicar con todos
A tu alrededor. Con tan sólo
Esos minutos, se agradeció
Mi alma. Me alejé de tu aldea,
mas mi corazón se ancló en tu mar
para siempre.

El primer choque

En el primer choque de ojos, uno sabe
Si esa persona tiene lo necesario
Para iniciar el baile eterno.

En ese primer encuentro,
Los modales son bien
Entendidos por las almas
Involucradas.

A veces, sin embargo, la
Señal es intrincada.

¡Andáis!

Andáis, que todo marcha.
Sigue firme en la paz de tu ser.

Tu epicentro contiene los
Pavo reales más bellos. La música
Tropical de tu corazón viene de
Las arpas de tu imaginación.

Andáis, que la multitud no puede
Cambiar tu destino o ser. No
Los uses como espejo.
El oficio del poeta se lleva
Acabo con una mano, una pluma,
Y con la bendición del
Altísimo.

Tu sensibilidad la tienes que
Cortejar. Usa la compasión de tu alma;
Ella será tu mejor amiga.

¡Andáis te digo, andáis!

El mar revuelto

Las corrientes vienen del Oriente
Trayendo el sonido del OM.
Cruzando por el mar Arabia, oigo
Al Guru Nanak, Siddhartha, y Brahman,
El trío que mueve las olas del otro
Lado del mundo.

Las corrientes vienen del poniente
Trayendo la cruz y la caja negra
De Abraham. Oigo
A Muhammad, Jesús, y
A Adonai. Vibrando están
Las aguas de los tres- mas ellos
Son un solo arroyo.

Las seis corrientes, siempre
Han sido una sola. A la muchedumbre
Les da miedo aceptar esta realidad.
Su dios imaginario- el miedo- mete su rama entre
Las corrientes para intrincar esta sola agua
Que nace de la fuente llamada…
Imaginación.

¡José, qué nombre!

José, desde Guanajuato nos impregnó
Con sentidos conmovedores y emotivos.
Su mensaje lo apresuró a la muerte, en parte.
Su destino ya era así. O sea no tenía otro más
Destino del cual vivió.

Cada uno nace con su vela. Unos tienen
Una vela corta pero pudiente. Otros nacen
Con una vela larga pero corriente.

La primera vela es la más común
Para el poeta. José ha tenido buena compañía:
Stephen Crane, Bécquer, Baudelaire, Nervo,
Y García-Lorca . Pero, a la vez, sólo
Habido un distinto José de la hermosa
República mexicana.

Hablan del pasado

Los hombres, ya de edad pasada,
Siempre hablan del pasado; se inunden en
Lo abstracto. El presente se les hace demasiado
Deplorable. Sin sus memorias,
Sucumben a La Huesuda más veloz.
Por eso es que hablan
Como papagayos.

El Hombre

De recién casados y en el cortejar, el hombre quiere
Dominar como rey absoluto. La soberbia y el egoísmo
lo cubre de pies a cabeza. Domina a la mujer
quien acepta la sagrada unión.

Mas, al traspaso de los años, este mismo hombre
Se convierte en el cónyuge más débil.
Ahora no es él que conduce el auto, no es él a quien
Los hijos le piden consejos, no es a él quien
Es el añoro de los hijos, no es él quien tiene más
Comprensión, no es él quien anhela vivir.

La primera mitad de la vida del hombre,
Se encuentra su felicidad; la segunda parte,
Es el tiempo de su lento ocaso.

La meta

¡La veo, ahí en la distancia!
Ella me mira con ojos
Encantadores y una sonrisa angélica.
Que bella se mira. Entre más empeño
Le pongo a mis pasiones,
Ella se me acerca más.

Ahí estaré

Ahí estaré,
Estaré ahí.

En muy poco tiempo,
Caminaré ahí. Precisamente
En ese lugar, volveré a vivir como un
Día lo hacía. Mas, mi sol será
Más amplio.

Ahí estaré,
Estaré ahí.

Regresaré a estudiar
En la escuela de la vida.
Caminaré y me tropezaré,
Sin duda. Las lecciones
Serán para pasar el tiempo,
Sólo para eso. Mas, me
Imaginaré que todo tiene
Su lógica y que todo terminará
Como una dulce comedia. Me haré de
Cuenta que la rosa del rosal jamás
Se caerá o se secará. La ignorancia
Será eternamente mía.

De todos modos…
Ahí estaré,
Estaré ahí.

Sólo las aves

Caminaba por una calle llena con una cantidad
De personas. Interesantemente,
Nadie estaba ahí.

En realidad, sólo las aves estaban presentes.
Su cantar me llenó de amor, tal que
Me siguieron esas dulces melodías
Toda la semana. Sus melodías me daban
Serenata con música poética que salía de
Esas lindas creaciones de Dios.
En sus bailes sobre mi cabeza,
Entendí que ellas sí son ejemplo
Del amar y estar en
El presente.

Entiendo un poco menos

Cada día, entiendo un poco menos.
Miro a los políticos, y sólo
Se manifiesta un gran suspiro.
La muchedumbre carga vestuario muy
Bello por su exterior, mas sus acciones
Y elocuciones traen gran tristeza
A una alma dedicada a querer
Entender el sol.

¡Qué interesante!

¡Qué interesante!
Camino, camino y regreso por
Las noches al mismo lugar.

¡Qué interesante!
Enciendo la vela para dar luz
Y cuando cierro los ojos, la oscuridad gobierna.

¡Qué interesante!
El perro sólo tiene un amo
Y el ser humano un sin fin.

¡Qué interesante!
El océano gobierna el mundo
Y el hombre piensa que él es el *alfa* y el *omega*.

¡Qué interesante!
He construido una mansión sobre la tierra,
La cual destruyó mi mansión espiritual.

Qué interesante, por cierto.

Por las noches

Es un lunes por la noche.
Afuera, el aire fresco sofoca.

En mis estancias en México,
He vivido opuestamente. Mis inclinaciones
Hacia ahí se encuentran cuando mis
Ojos miran al cielo donde se encuentra
El país de los aztecas, con su muchedumbre
De tribus indígenas y donde
El mestizaje gobierna.

De pronto, mi mente se
Trasplanta a las playas
De Acapulco, y empiezo a
Vivir celestialmente si tan
Sólo en mis sueños.

Hoy me iré

Mi jornada tendrá gran batallas.
Tal vez no regresaré. Si es así, entonces
Les mandas bendiciones a
Mis sobrinos y sobrinas.

Tú les dirás que aún siendo
Un tío distante, siempre
Quise lo mejor para ellos.
Por favor, les dices estos
Pensamientos muy cerca
A mi corazón.

Hoy me iré…..
Cruzaré las montañas, dejando atrás la
Encrucijada donde la carretera
Que marchaba me llevaba hacia
Un ocaso azul.

Bella, hermosa...antigua

Bella, hermosa...antigua.
Eres mi rosa de sarón. Te veo a ti,
Y veo mi realidad, mi deseo.

Tu hermosura proviene de
Lo fecundo de Aztlán.
Tu pelo chino, hace
Relucir tu sonrisa y
Caminar. Tu dulzura
es inequivocable.

Bella, hermosa... antigua.
Tu caminar es para complacer.
Te veo a ti, y veo a Dios.
Sólo contigo hay eterna
Comunicación y aliñamiento.

En el presente

Hoy es un día más
Y un día menos.
En el presente me quedaré refugiado.
Me quedaré en la pausa de la contemplación.
En el presente, oigo al colibrí
Cantar desde mi balcón. Sus notas
Musicales despiertan un amor
Primitivo, un amor que no
Sabía que podía concebir.

Por unos cuantos

La multitud se deja guiar
Por unos cuantos y, al final de cosas,
Ellos se les olvida pensar
Por su propia cuenta. Los pocos
Que están firmes en su creer
Son marginados hasta que caen sólo
Reposando en Dios y en Su
Inmensa compasión.

El contra todos

Así soy yo.
Siempre cuando todos
Dicen que "sí," yo opino con el "no".

Siempre siguiendo mi propio sendero,
Siempre siendo el amo de mi huerta.

Aún no comprendo todo, mas
Sí entiendo lo suficiente para
Descifrar mis opiniones, buenas
O malas que sean.

El contra todos.
He creado mi propio laberinto,
Y sólo yo tengo que encontrar
La salida. Sólo yo tengo que encontrar
la diana de este perenne juego.

El contra todos.
Traigo la lluvia cuando hay pleno sol.
Traigo el sol cuando llueve a cántaros.

El contra todos.
Mis soldados son mis emociones, y
Mi meta es hacia la puerta natural.
Yo aleteo como un colibrí para
Apresurar mi llegada.

Soy de abajo

Con los sinceros, me quedo.
Agendas escondidas ahí no moran.
Siento precaución hacia la mente
Norteamericana. El color de la piel
No da inmunidad a ese pensamiento.

Vivo en el centro de la
Red de la araña. Desde ahí, recito mis
Elocuciones. Escribo en lo
Inmóvil de la oscuridad.

Soy de abajo, mas fluyo
Fuera de la esfera tal que no tengo residencia.

Vivo en la pausa del pensamiento.
Ahí terminaré.

En la víspera de la primavera

Estamos en la víspera de la primavera,
La cosecha está esperando. Ya sólo queda
Levantar el alma para poder cosechar la
Miel de los deseos. La fecundidad siempre
Está presente. Sólo queda abrir los ojos
De los ojos y navegar en el presente, dejando los
Deseos en la fuente del reposo.

Me causa mucho dolor

Oigo el aullar de los perros
Y sé que hay penumbra…
Bajo el rostro, y sé que
Hay tristeza en un
Lugar distinto.

Qué lento el tiempo

Qué lento pasa el tiempo…
Mas eso es todo lo que
Tenemos.

Sólo el tiempo es seguro.
Los apocalípticos tienen
Miedo que el reloj
Jamás vaya a parar,
Porque entonces sus ilusiones
Serán como la arena que
Corre y se desaparece por los
Dedos en un día templado.

En el aire

Quisiera ser ave para
No tener restricciones.
Ni mi materia física me impediría
De lo alto de mis deseos.

En un segundo cambiaría
Estos brazos por alas
Para despojar y mezclarme con
El universo. En el aire, nacerían versos
Alegres y llenos de vida.

Quisiera ser el ave más chico para llegar
A todos rumbos y interrumpir
A nadie. Entre una rama marginada, ahí,
Cantaría mi fecunda canción para mi más atenta
y sensible audiencia.... ¡¡¡la naturaleza!!!

La hora, mi hora

La hora de mi partida se
Apresura. Estoy listo para el
Silbato del Capitán.

La hora de mi despido se
Apresura y mis más queridos
Se despiden con un energético abrazo.

La hora de mi ascensión
Se apresura, querubines hacen
Fila y anuncian con trompetas
Apuntando hacia el cielo.

La hora de mi partida, despedida,
Y ascensión ocurre al mismo tiempo.
Acostado en mi cuarto, hago la
Señal de la cruz, y doy mi
Última confesión para
Absolver mis pecados.

La hora,
Mi hora,
Me está mirando de frente.

La memoria

Caminaba a solas por la calle
Pensando en las tareas cotidianas
De mi trabajo como maestro, cuando
Oí mi apellido de alguien llamándome.

Era un ex alumno, me di cuenta.
Me dijo su nombre, y me relató de todo
Lo que había hecho y logrado desde su
Graduación de la prepa.

Lo oí, y movía mi cabeza para enseñarle
Que estaba de acuerdo de lo que me decía.

Se despidió con una gran sonrisa. Yo
También reciproqué.
Al ya no mirarlo en la distancia
Pensé, "¿Dios mío, quién era
Ese joven?"

Sin poder contestar

Después de navegar por tres décadas
A solas por el desierto, llegué a
Una ciudad ajena.

Llevaba una barba el tamaño de los hombres
De la antigüedad. Mi barba estaba llena
Del color del sufrimiento.

Caminaba por un mercado y oía la muchedumbre
Hablar, cosa que se me hacía raro. El comercio no lo
Había extrañado y hoy mismo se confirmaba.

Al llegar a reposar en una banca,
Vi a unos hablar del día cotidiano.
Los hablantes eran jóvenes y energéticos.

Una joven declaró mirando hacia mí,
"¡Es usted! Hablábamos precisamente
De vos la otra semana. ¿Se recuerda de
Los Rodríguez y los Jiménez?"

Con gran confusión, sólo
Miré a la joven sin poder contestar.
Ella seguía en su intento de persuadir.

La sombra

Se me acercó la sombra
Mientras miraba hacia la pradera.
Me susurró, "¿En qué piensas?"
Le contesté, "Le estoy suplicando a
La mosca negra que me aleje de ti."

Hacia el desierto

Me voy para el desierto.
Para el desierto, me voy.

La escasez me espera, lo sé.
Pero estoy listo. Hace tiempo atrás,
Viajé y hice una jornada por ahí. Los senderos
Que tomé todavía están frescos en mi mente.
Están grabados en mi realidad como si
Fueran parte de mi persona.

Cierro los ojos y percibo un mapa tal que extiendo
La mano y la recorro con mi sensibilidad.
Abro los ojos después y sólo el nada me mira.

Me voy para el desierto.
Para el desierto, me voy.

Mi Pluma, Mi Amor

Hoy te mandé adulaciones
Para declarar mis intenciones

Hoy te mandé mi pluma de amor
Su punta llena de esplendor

Me llenaste de dulce y alegre amor
Te azucaraste para dar sabor

Me llenaste de olor fragante
Egoísta soy al querer alcanzarte

Y todo será igual

Y todo será
Como siempre ha sido.

Los que dicen "no", seguirán
En sus tendencias unisilábicas.

Los pasajeros abarcarán una buen
Parte del panorama geográfico,
Con rodillas rasguñadas por cierto.

Las almas amables continuarán siéndolo,
Aun si son o no son creyentes.

Y todo será
Como siempre ha sido.

Las sanguijuelas continuarán explotando
Los pobres, al costo de sus propias almas.

Poetas seguirán naciendo
Y pensando que nadie se ha compadecido
De sus angustias.

Más ángeles pobres e ignorantes vivirán
Para instruir a los ricos y a los intelectuales.

Y todo será
Como siempre ha sido...

Sin Música

Sin música no existiríamos.
La música es emoción, y las emociones
Inunden la lógica en todas partes. Te
Cuento esto ahora, después de deferir
El llamado a la vida. La verdad es obtenida
Con ojos que están cerrados y elevados.

English

The hummingbird

Many, many years ago, people speak of a hummingbird that lived on a desolate island. After flying over the island with his brothers and mother, he decided to land to admire this island with beautiful and breathtaking rosebushes. When he desired to reunite himself with his family, he could no longer see or smell their scent. He returned to his branch and began to sing with his beautiful voice. He sang toward the four winds with the hope that his desires would be heard by his blood. Unfortunately, his hopes and desires were never fulfilled. Each day and even in the nights he forced his eyes to search for a being that resembled himself. So much did he force himself that his two lamps, little by little, began losing their light, until at last his world became a dark room with ubiquitous sound all around him. He sang and sang without end. More beautiful but melancholic melodies never had there been heard before. The hummingbird sang so much, day and night, that his sweet voice also slowly left him. God only knows how he did it to acquire food thereafter. He spent the rest of his days moving his head from side to side on a branch next to a yellow rosebush trying to decipher the sound of the waves. His curiosity and perseverance, given his tragedies, never gave in to the world.

I lost myself in you

I lost myself in you.
Your sweet lips spoke
To me, but my attention
Was in your being.
You were pure *maíz prieto*,
"Unattainable poetry."

I lost myself in you.
When after seeing me write
Non-stop for eight hours with all my
Ancestors mortifying my being,
You brought me a pen.
The electricity of your hands gave
Me the necessary strength to continue.

I lost myself in you.
When I could write no more,
The result of the light leaving my
Eyes, you lifted my pen and
Proclaimed, "Commence, that the
people await!"

I lost myself in you.
When I renounced the world
And told you that I was leaving to
Lose myself in the sea, you told me
That you'd follow me as well.
I turned toward you, and the words
Never left my heart; I
Was eternally........ silent.

The youth and the teacher

A student assured me that,
"Life does not mean nothing!"
This student seemed overwhelmingly
Optimistic to me.

A student told me,
"I despise the routine of school!"
I answered her, "You are too young
To have those types of thoughts."

A student asked me,
"Is it good to make mistakes in life?"
"Of course," I answered, "in the future
You'll call them 'experience.'"

A student asked me with
Watery eyes, "Why is everyone
Against me?" I explained to her,
"Of the many that you perceive to
Be against you, it is only one person."

The wrong bus

"And why did you get off the bus
When it had air conditioning and
Was taking us, very comfortably,
To see the riches of the world?"
My mind accosted me.

Mi soul answered in a very
Calm manner, "Because we got on
The wrong bus. We should have boarded
The bus that would have taken us toward truth.
Not a problem, we've changed courses in time."

The One Who Fooled Death

I was inside a bank to make a simple
Transaction. Suddenly, a criminal
Shouted, "Give me the money or
I'll shoot you!"

Everyone scrambled to the floor and
Did just as they were told by the bank
Robbers. As I was still standing, Death
Whispered to me, "Come, get down as
Well, or I'll take you with me."

You'll never take me!" I affirmed.

"You don't have the valor to confront
Them," Death declared. In that moment,
I ran toward the leader. He fired the
Eternal gunshot. Little by little, my
Hearing began dissipating. Deteriorating
From my being were a plethora of memories.

Death laughed implacably
As it carried me in its arms. But,
It was I who had the last laugh. My
Physical self he acquired, yet my honor
Lived on forever.

My heart stayed with you

I saw you from afar,
From afar I admired you.
Maybe you noticed.
Maybe you did not?

I continued looking and appreciating
Your walk and talk with all those
Around you. Within those few minutes,
My soul was pleased. I got up and left, but my
Heart anchored itself in your sea for eternity.

The first clash

In the first clash of eyes, one knows
If that person has all that is necessary
To initiate the eternal dance.

In that first encounter,
The manner of being is
Well understood by the
Parties involved.

Sometimes, however, the
Signal is convoluted.

Let's go!

Let's go, all is marching.
Continue firm in the peace of your being.

Your epicenter contains the
Most beautiful pea cocks. The
Tropical music of your heart is
Birthed from the arps of your
Imagination.

Let's go, the multitude cannot
Change your destiny or being. Do
Not utilize them as a mirror. The
Job of the poet takes place with
One hand, one pen, and the blessing
From the Most High.

You have to court your sensibility.
Use the compassion of your soul;
She shall be your best friend.

Let's go, I tell you! Let's go!

The convoluted sea

The currents come from the East
Bringing the sound of OM.
Crossing the Arabian Sea, I hear
Guru Nanak, Siddhartha, and Brahman,
The trio that move the waves on the other
Side and this side of the world.

The currents come from the West
Bringing the cross and Abraham's
Black cube. I hear Muhammad, Jesus,
And Adonai. The waters of the three
Are shaking- but the three waters
Are really only one stream.

These six currents have always......
Been one. The multitude is frightened to
Accept the reality. Their imaginary god- fear-
Stirs the branch amongst the currents to
Convolute this singular water that is
Birthed from the spring called......
Imagination.

José, what a name!

José impregnated us with moving
And emotive sentiments. His message
Hastened him toward death, in part.
His destiny was already written.
In other words, he didn't have any other
Destiny, different from the one he lived.

Each person is born with their candle.
Some have a short but powerful candle.
Others are born with a long but ordinary
Candle.

The former is the most common
To the real poet. José has had good company:
Stephen Crane, Bécquer, Baudelaire, Nervo,
And García-Lorca. However, it's still the case that,
There's only been one José from the
Beautiful Mexican republic.

They speak of the past

Men, with enough years in this world,
Always speak of the past; they inundate
Themselves in the abstract. The present is
overwhelmingly deplorable to them. Without
their memories, they succumb at a faster
Rate to Death. That is why they speak
like parrots.

Man's dilemma

Just wedded and especially during courtship, man wants
To dominate like an absolute monarch. Pride and egoism
Adorn him from feet to head. He dominates the woman
Who accepts the sacred union.

However, as the years pass, this same man
Is converted into the weaker of the two partners.
Now it is not he that drives the automobile,
It is not he who his offspring go to for advice,
It is not he who is the center of his kids' love;
It is not he that has more comprehension; it is
Not he who pines to live.

In the first half of man's life, his happiness
Abounds; the second part, is the time of
His slow sunset.

The goal

I see her, there in the distance!
She looks at me with enchanting
Eyes and an angelic smile.
She looks so beautiful.
The more attention I give my
Passions, she comes closer and
Closer.

There I shall be

There I shall be,
I'll be there.

In a short time,
I shall walk there. In that precise
Location, I'll return to live like some
Time ago I did. But my sun shall
Be more amplified.

There I shall be,
I'll be there.

I'll return to study
In the school of life.
I'll walk and trip, no doubt.
The lessons shall be to pass the time,
If only for that reason. But, I shall
Imagine that all has its logic and
That all will end like a sweet comedy.
I'll assume that the rose of the rosebush will
Never fall or dry up. Ignorance shall
Be eternally mine.

Still....
There I shall be,
I'll be there.

Only the birds

I walked down a street with a great group
Of people. Interestingly enough, no one
Was there.

Only the birds were truly present.
Their singing filled me with love, such
That their sweet melodies followed me
All week. Their melodies serenaded me
With poetic music that came out of those
Beautiful creations of God.
In their dances over my head,
I understood that they are an example
Of love and of being in the present.

I understand a little bit less

Each day, I understand a little bit less.
I look at the politicians and a great
Sigh is manifested. The multitude
Are clothed in beautiful exterior attire,
But their actions and elocutions bring
Great sadness to a soul dedicated
To understanding the sun.

How interesting!

How interesting!
I walk and I walk and return
By night to the same place.

How interesting!
I light the candle to give light
And, when I close my eyes, darkness pervades.

How interesting!
The dog has only one master
And humans have a never-ending amount.

How interesting!
The magnitude of the oceans govern the world,
And man thinks that he is the *alfa and the omega.*

How interesting!
I've constructed a mansion over the land of this earth
Which has destroyed my spiritual mansion.

How interesting, indeed.

In the nights

It's a Monday night.
The fresh air outside suffocates.

In my stays in México
I've lived conversely. My
Inclinations toward there
Are evident when my eyes look
Toward the sky where the country
Of the Aztecs, with all their varied
Indigenous tribes and the
Meztizaje reign.

Soon enough, my mind is
Transplanted to the beaches
Of Acapulco, and I begin to
Live celestially if only
In my dreams.

I'll leave today

My journey shall have a great many battles.
I may not return. If that is the case,
Then I shall send my benedictions to my
Nephews and nieces.

You shall tell them that even
While being a distant uncle, I
Always wanted the best for them.
Please, tell them these thoughts
That are close to my heart.

I'll leave today.....
I shall cross the mountains, leaving behind
The crossroad where the road I traveled
Was taking me toward a barren
And blue sunset.

Pretty, beautiful...ancient

Pretty, beautiful...ancient.
You are my Rose of Sharon. I see you,
And I see my reality, my desire.

Your beauty comes from the
Fecundity of Aztlán.
Your curly hair makes your
Smile and walk shine. Your
Sweetness is unequivocal.

Pretty, beautiful...ancient.
Your walk brings fulfillment.
I see you, and I see God.
There is eternal communication and
Alignment only with you.

In the present

Today is one more
And one less day.
I'll stay as a refugee in the present.
I'll stay in the pause of contemplation.
In the present, I hear the hummingbird sing
to me from my balcony. Its musical notes
Awaken a primitive love, a love that
I did not know I could conceive.

The few

The multitude let themselves be
Guided by a few and, in the end, they
Forget to think on their own.
The few who are true to their beliefs
Walk firm but are marginalized until
They fall resting only in God and His
Immense compassion.

Against All

I am as such.
When all say "yes," I always
Opine with a "no."

I'm always following my own road,
Always being the master of my orchard.

I don't understand everything, but
I understand enough such that I
Can decipher my opinions, sound or
Unsound as they might be.

Against all.
I've created my own labyrinth,
And only I must find the exit. I
Must find the bull's eye of
This perennial game.

Against all,
I bring rain when there is complete sunlight.
I bring the sun when it is raining cats and dogs.

Against all.
My soldiers are my emotions, and
My goal is toward and through the poetic gate.
I shall bat my wings like a hummingbird
To get there sooner.

The underdog

With the sincere, I stay.
Hidden agendas do not reside there.
I'm weary of the North American mindset.
The skin pigmentation does not keep one
Immune to this mindset.

I live in the center of the spider's web.
From there, I recite my elocutions.   I
Write in the immovable darkness.

I'm the underdog, but I flow
Outside the range such that I
Have no residence.

I live in the pause of thought.
That is my goal.

In the vespers of the spring

We are in the vespers of spring,
The harvest is waiting. The only thing
That remains is to lift up our souls
To harvest the honey of our longings.
The fecundity is always present. One must
Only open the eyes of one's eyes and navigate
In the present, leaving behind the desires
In the fountain where rest abides.

It causes me much pain

I hear the howling of dogs,
And I know that there is darkness...
I lower my countenance, and
I know that there is sadness
Somewhere.

Time, how slow it is

How slowly time passes,
But it is all we have.

Only time is sure.
The apocalyptics fear
That the clock shall never
End because then their
Illusions are like sand running and
Disappearing through one's fingers
On a calm day.

In the sky

I pine to be a bird so as
To not have restrictions.
My physical being would
Not impede me of the
Heights of my celestial longings.

In a second I would switch
These arms for wings
To uplift myself and blend
With the universe. In the sky,
Happy and beautiful verses
Full of life would be birthed.

I would like to be the smallest of birds
So I can arrive to all places and interrupt
No one. Amongst a marginalized branch,
There, I would sing my fecund song
To my most attentive audience....nature!!!

The hour, my hour

The hour of my parting is
At hand, and I am ready for
The whistling sound of the Captain.

The hour of my departure is
Arriving and my dearest dismiss
Themselves with an energetic embrace.

The hour of my ascension is arriving
With cherubs in rows announcing as their trumpets
Sound, pointing toward the heavens.

The hour of my parting, departure, and ascension
Occurr at the same time.
As I lay in my room, I make the sign of
The cross and given my last confession
To absolve my sins.

The hour,
My hour,
Is before me.

Memory

I walked alone along the street
Thinking on the everyday affairs
Of my work as a teacher, when
I heard someone call out my last name.

It was an ex student I soon found out.
He told me his name and explained
Everything that he had accomplished since
His graduation from high school.

I listened and nodded my head to show
Him that I followed what he was saying.

He departed with a great smile. I
Reciprocated. When I lost sight of
Him in the distance, I thought,
"My God, who was this youth?"

Irresponsive

After navigating the desert alone
For three decades, I came to a
Foreign city.

Time gave me a beard the size of the
Men of antiquity. My beard was full
Of the color of suffering.

As I walked along the embankment,
I heard the multitude speak, a phenomenon
That puzzled me. I had not missed all
The elements of commerce, and today it
Was being confirmed.

As I rested on a bench, I saw some
Speaking of everyday occurrences. The
speakers were youthful and energetic.

I Heard a woman speak
Toward me, "It's you! We spoke
About you precisely the other week.
Do you remember the Rodríguez and
The Jiménez families?

With great confusion, I just looked at
The woman without being able to answer.
She kept in her attempts to persuade.

My Shadow

As I stared out over the prairie,
My shadow smothered my being.
It whispered, "What do you ponder
over?" I answered calmly, "I'm
Supplicating to the black fly to
Separate me from you?"

Toward the Desert

I leave to the desert.
Toward the desert, I go.

Scarcity awaits me, I understand.
But, I am ready. Some time back,
I traveled and journeyed through there.
The roads that I took are still fresh
In my mind; they're imbedded in my reality.

I close my eyes and perceive a map such
That I extend my hand and I trace its
Geography with my sensibility. I open
My eyes soon after and nothingness
Is the only thing that looks me in the eyes.

I leave to the desert.
Toward the desert, I go.

My Pen, My Love

Today I sent you adulations
To declare my intentions

Today I sent you my pen of love
Its tip was full of splendor

You filled me with sweet and happy love
Your sweetness brought flavor

You filled me with fragrance
Selfish I am to try and attain you

And all will be the same

And all will be
As it has been all along.

The naysayers will continue
In their unisyllabic ways.

The passerby folk
Will cover their fair share of this landscape,
Scraped knees and all.

The kind souls will continue to be kind,
Whether they be a believer or not.

And all will be
As it has been all along.

The leeches will continue to siphon off
From the poor, at their soul's expense.

Poets will continue to be born
And think no one has experienced their anguish.

More poor and ignorant angels will live
So as to teach the wealthy intellectuals of the world.

And all will be
As it has been all along...

Without music

Without music we wouldn't exist.
Music is emotion, and emotions drown
Logic at every corner. I tell you this now,
After years of deferring the call of life.
The truth is attained with eyes that
Are lifted and closed.

Canciones

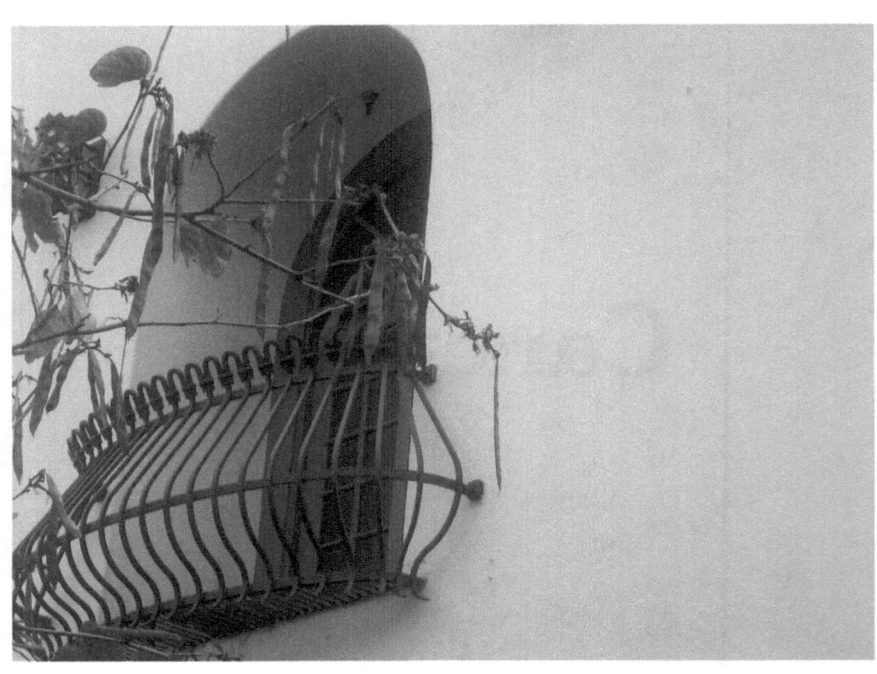

"Sal mujer a tu ventana"

Sal mujer a tu ventana,
Sal que hoy mi alma te llama,
Sal mujer a tu ventana

Tú eres la más preciosa,
Tú eres mi linda rosa,
Tú eres la más hermosa

Cuando yo te vi reír,
Todo el mundo fue feliz,
Cuando yo te vi reír

Sal mujer a tu ventana,
Sal que hoy mi alma te llama,
Sal mujer a tu ventana

Sal mujer pa' que te mire
Sólo así mi alma vive,
Sal mujer pa' que te mire

Tu amor, es amor,
Tú amor, eres amor,
Tu amor, es amor

Sal mujer a tu ventana,
Sal que hoy mi alma te llama,
Sal mujer a tu ventana

Sal mujer que hace frío,
Sal mujer que yo soy tu amigo,
Sal mujer que hace frío

Cuando yo te vi reír,

Todo el mundo fue feliz,
Cuando yo te vi reír

Tu amor, es amor,
Tú amor, eres amor,
Tu amor, es amor

Sal mujer a tu ventana, (3X)
Sal que hoy mi alma te llama
Sal mujer a tu ventana

"En el Malecón"

||||||||||||||||||||||||||||||||||||||||||||||||||||||||||||||||||||||||||||||||||||||||||||||||||||||||||||||||||||||||||||||||

Cuando yo te vi
En el malecón,
En el malecón
Yo me enamoré

Con tu bella sonrisa
Tú paraste al mar,
Tú paraste al mar
Con tu bella sonrisa

El sol se intrincó
Con la luna se enlazó,
Con la luna se enlazó
El sol se intrincó

Cuando yo te vi
En el malecón,
En el malecón
Yo me enamoré

Un conjunto empezó
A tocar un son,
A tocar un son
Un conjunto arrancó

Empezaste a bailar
Tu mover sin igual,
Tu mover sin igual,
Empezaste a gozar

Cuando yo te vi
En el malecón,
En el malecón

Yo me enamoré

Hechizaste a la multitud
Con tu persona,
Con tus caderas
Hechizaste la multitud

Tu sangre negra
Tu sangre ibera,
Tu sangre de india
Tu sangre colonial

Acapulco te vio nacer
Acapulco te vio crecer,
Acapulco te vio crecer
Te vio enflorecer

Cuando yo te vi
En el malecón
En el malecón
Yo me enamoré

Tú eres muy pobre
Pero muy rica,
Tú eres muy pobre
Pero muy rica

La material se va
El corazón queda,
El corazón queda
Lo material se va

Cuando yo te vi
En el malecón
En el malecón
Yo me enamoré

El son se terminó

Yo te aplaudí
Yo te aplaudí
El son se terminó

Tú me miraste a mí
Yo te miré a ti
Yo te miré a ti
Tú me miraste a mí

Cuando yo te vi
En el malecón
En el malecón
Yo me enamoré

Como un jinete fugaz
El duende me tomaba,
El duende me tomaba
Como un jinete fugaz

La belleza pura
En tu cara está,
En tu cara está
La bella pura

Cuando yo me fui
Yo te extrañé,
Yo te extrañé
Cuando me fui

Cuando yo te vi (3X)
En el malecón
En el malecón
Yo me enamoré

"Bajo un farol"

Cuando la vi bajo un farol
En mi corazón nació el amor

Ella miraba a su alrededor
El viento la acarició

Mi mente empezó a navegar
Me rodeaban jardines celestial

Cuando la vi bajo un farol
En mi corazón nació el amor

Mi palma en la suya, su palma en la mía
Que feliz sería la vida.

Hermosa mulata, jamás bella vi
Ni en sueños pude percibir

Cuando la vi bajo un farol
En mi corazón nació el amor

Bajo el farol, yo me presenté
Mi pobre nombre le entregué

En ese momento de un camión
Se apareció al quien ella esperó

Me disculpé y mi alma herida
A la isla solitaria a morar

Cuando la vi bajo un farol
En mi corazón nació el amor

"Los Ojos de Belén"

Esta mañana me tropecé
Con los ojos de Belén
Cuando la vi mi alma se llenó,
Dulces versos le salió

Por primera vez, yo vi el sol
Maravilloso farol

Esta mañana yo vi el mar
Su plenitud me hizo suspirar

Esta mañana me tropecé
Con los ojos de Belén,
Cuando la vi mi alma se llenó,
Dulces versos le salió

Por mucho tiempo yo la busqué
Y por fin ya la encontré

Buscando la a ella yo me perdí
Yo me perdí, puro sufrir

Esta mañana me tropecé
Con los ojos de Belén,
Cuando la vi mi alma se llenó,
Dulces versos le salió

Me le acerqué y le susurré,
Le susurré mi querer

Mi alma es un bello colibrí
Que canta canciones sólo para ti

Cuídalo bien y siempre cantará,
Recházalo y morirá

Esta mañana me tropecé,
Con los ojos de Belén,
Cuando la vi mi alma se llenó,
Dulces versos le salió

"Mi Guaguancó"

Mi guaguancó, mi guaguancó, (2X)
Tú bailabas mi guaguancó

Cuando te vi frente de mí, (2X)
Dios escuchó y oyó mi pedir

En tu mover, yo escribí (2X)
Yo escribí mi guaguancó

Con mis ojos tocaba yo, (2X)
Tocaba yo, mi guaguancó

Mi guaguancó, mi guaguancó (2X)
Tú bailabas mi guaguancó

Tú eres mi rosa de abril, (2X)
Yo seré tu colibrí

Tú eres mi princesa, (2X)
Tú eres mi Ixtaccihuatl

Cuando yo pienso en ti (2X)
Mi corazón comienza a latir

Mi guaguancó, mi guaguancó (3X)
Tú bailabas mi guaguancó

"Cuando yo quiero llorar"

Cuando yo quiero llorar
No llegan las lágrimas,
Cuando yo quiero llorar

Mi morena ya se fue
Se fue para no volver,
Mi morena ya se fue

Miro hacia el cielo
Le suplico a mi Dios,
Que me saque del dolor

Cuando yo quiero llorar
No llegan las lágrimas
Cuando yo quiero llorar

Por el jardín camino yo,
Me viene el recuerdo
Aquí no nos besábamos

El sol se sale a brillar
Los aves se enamoran,
Quisiera poder volar

En las noches no hay calor
El corazón busca valor
Por las noches no hay calor

Cuando yo quiero llorar (2X)
No llegan las lágrimas
Cuando yo quiero llorar

"Una Gitana"

A una gitana me encontré (2X)
Con ella me enamoré

Ella tocaba su tambor, (2X)
Su pasión que esplendor

Ella cerraba sus ojos, (2X)
Se acercaban los pájaros

A una gitana me encontré (2X)
Con ella me enamoré

Muy humilde su casa, (2X)
Su techo las estrellas

Su vestido morado, (2X)
Sus ojos dorados

A una gitana me encontré (2X)
Con ella me enamoré

Ella cantaba mirándo a mí,
Sus labios de rubí

Esta noche fui muy feliz,
A una reina conocí

A una gitana me encontré (2X)
Con ella me enamoré

"Me alejé de México"

Cuando me vine de México
Lo más precioso se quedó.

Mi jardín se marchitó.
La dulce agua no le llegó.

Los domingos por la plaza,
Hoy mis huellas ya no están.

Cuando me vine de México
Lo más precioso se quedó.

En Janitzio subí al cielo
Vista sin igual jamás vi yo.

En Acapulco me enamoré
Sobre las aguas de Coyuca, la besé.

Cuando me vine de México
Lo más precioso se quedó.

El Limoncito de Michoacán,
Ahí desafié al alacrán.

El parque nacional de Uruapan,
El pueblo precioso se deleita.

Cuando me vine de México
Lo más precioso se quedó.

En Ensenada vive el pescador,
Demasiado errante y bohemio.

Veracruz, ciudad colonial
Veracruz, ciudad real.

Cuando vine de México (2X)
Lo más precioso se quedó.

Playa de Guadalupe

Por la orilla, la orilla del mar
Yo te encontré, yo te encontré

Por la playa de Guadalupe
Caminabas con tu amiga

Nuestras miradas chocaron
Detuvimos el tiempo

Por la orilla, la orilla del mar
Yo te encontré, yo te encontré

Nuestra escena, fue sin igual
Chocaban las olas

Una sonrisa se manifestó
Nos enlazó el corazón

Por la orilla, la orilla del mar
Yo te encontré, yo te encontré

Yo te, te saludé
En el amor, vine a creer

Tú me hablaste con mucha bondad
Todo el mundo, te quise dar

Me diste tu teléfono
Pero jamás llegó el valor

Por la orilla, la orilla del mar
Yo te encontré, yo te encontré

Por la playa de Guadalupe (2X)
Yo te encontré, yo te encontré

Biografía

Rudy Calderón nació en Los Ángeles, CA en 1974. Obtuvo su licenciatura en historia de CSU Bakersfield en el 2001. Siguió sus estudios en Chapman University donde se le otorgó la maestría en pedagogía en el 2003. Calderón ha publicado los siguientes libros: I Wonder If You Will Ponder: A Collection of Poems (2003), Existential Fighting Through My Writings (2004), Mi Familia Mexicana: Versos Sinceros (2005), Letters to the Wind: A Transcendentalist Spirit (2005), Canto Ubicuo (2006), Sangre del Sol: Blood of the Sun (2006), gritos en el monte (2007), Borrad la fecha de existencia/Erase the Date of Existence (2007), Destierro en Acapulco (2008), Capitán Sin Mar / The Sealess Captain (2008), y Cazando Al Jabalí: Y Otras Obras (2009) y Caballo Azabache Y Poemas en Puerto Rico (2009). Incluso, ha sido el Featured Poet en el Poetry Festival de San Luis Obispo, CA. Además, ha sido invitado por el actor y activista social, Edward James Olmos, a leer de sus obras en el 8th Annual Latino Book Festival en el 2004. Calderón ha sido maestro de historia, español, e inglés en secundarias y preparatorias. Para más información, favor de visitar los siguientes sitios: www.authorhouse.com y www.uni-vurs.com.

Biography

Rudy Calderón was born in Los Angeles, CA in 1974. He obtained his Bachelor's degree in history from CSU Bakersfield in 2001. Calderón conitinued his studies and earned a master's degree in Teaching from Chapman University in 2003. Calderón has published the following books: I Wonder If You Will Ponder: A Collection of Poems (2003), Existential Fighting Through My Writings (2004), Mi Familia Mexicana: Versos Sinceros (2005), Letters to the Wind: A Transcendentalist Spirit (2005), Canto Ubicuo (2006), Sangre del Sol: Blood of the Sun (2006), gritos en el monte (2007), Borrad la fecha de existencia/Erase the Date of Existence (2007), Destierro en Acapulco (2008), Capitán Sin Mar / The Sealess Captain (2008), y Cazando Al Jabalí: Y Otras Obras (2009) y Caballo Azabache Y Poemas en Puerto Rico (2009). Also, Calderón has been the Featured Poet at the Poetry Festival in San Luis Obispo, CA. In addition, Calderón was invited by actor and social activist Edward James Olmos to read from his works at the 8th Annual Latino Book Festival in 2004. Calderón has taught history, Spanish, and English at the junior high and high school level. For more information, please visit the following websites: www. authorhouse.com and www.uni-vurs.com .

www.ingramcontent.com/pod-product-compliance
Lightning Source LLC
Chambersburg PA
CBHW051448280526
45785CB00003B/1471